优秀技术工人
百工百法丛书

杨新海工作法

车载移动测量技术在实景三维成果质量检验中的应用

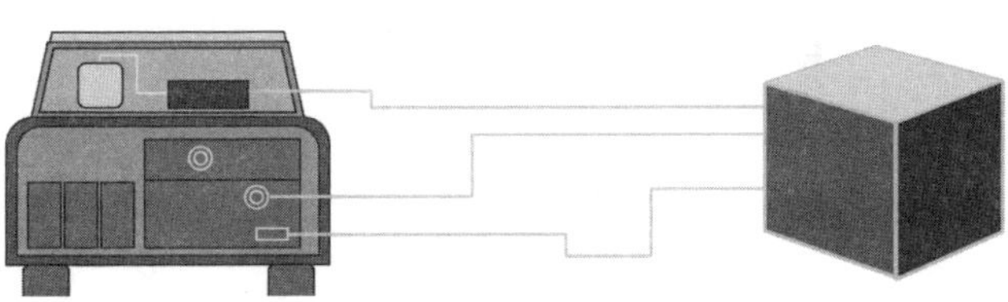

中华全国总工会 组织编写

杨新海 著

中国工人出版社

技术工人队伍是支撑中国制造、中国创造的重要力量。我国工人阶级和广大劳动群众要大力弘扬劳模精神、劳动精神、工匠精神，适应当今世界科技革命和产业变革的需要，勤学苦练、深入钻研，勇于创新、敢为人先，不断提高技术技能水平，为推动高质量发展、实施制造强国战略、全面建设社会主义现代化国家贡献智慧和力量。

——习近平致首届大国工匠创新交流大会的贺信

序

党的二十大擘画了全面建设社会主义现代化国家、全面推进中华民族伟大复兴的宏伟蓝图。要把宏伟蓝图变成美好现实，根本上要靠包括工人阶级在内的全体人民的劳动、创造、奉献，高质量发展更离不开一支高素质的技术工人队伍。

党中央高度重视弘扬工匠精神和培养大国工匠。习近平总书记专门致信祝贺首届大国工匠创新交流大会，特别强调“技术工人队伍是支撑中国制造、中国创造的重要力量”，要求工人阶级和广大劳动群众要“适应当今世界科技革命和产业变革的需要，勤学苦练、深入钻研，勇于创新、敢为人先，不断提高技术技能水平”。这些亲切关怀和殷殷厚望，激励鼓舞着亿万职工群众弘扬劳模精神、劳动精神、工匠精神，奋进新征程、建功新时代。

近年来，全国各级工会认真学习贯彻习近平总书记关于工人阶级和工会工作的重要论述，特别是关于产业工人队伍建设改革的重要指示和致首届大国工匠创新交流大会贺信的精神，进一步加大工匠技能人才的培养选树力度，叫响做实大国工匠品牌，不断提高广大职工的技术技能水平。以大国工匠为代表的一大批杰出技术工人，聚焦重大战略、重大工程、重大项目、重点产业，通过生产实践和技术创新活动，总结出先进的技能技法，产生了巨大的经济效益和社会效益。

深化群众性技术创新活动，开展先进操作

法总结、命名和推广，是《新时期产业工人队伍建设改革方案》的主要举措。为落实全国总工会党组书记处的指示和要求，中国工人出版社和各全国产业工会、地方工会合作，精心推出“优秀技术工人百工百法丛书”，在全国范围内总结 100 种以工匠命名的解决生产一线现场问题的先进工作法，同时运用现代信息技术手段，同步生产视频课程、线上题库、工匠专区、元宇宙工匠创新工作室等数字知识产品。这是尊重技术工人首创精神的重要体现，是工会提高职工技能素质和创新能力的有力做法，必将带动各级工会先进操作法总结、命名和推广工作形成热潮。

此次入选“优秀技术工人百工百法丛书”作者群体的工匠人才，都是全国各行各业的杰出技术工人代表。他们总结自己的技能、技法和创新方法，著书立说、宣传推广，能让更多人看到技术工人创造的经济社会价值，带动更多产业工人积极提高自身技术技能水平，更好地助力高质量发展。中小微企业对工匠人才的孵化培育能力要弱于大型企业，对技术技能的渴求更为迫切。优秀技术工人工作法的出版，以及相关数字衍生知识服务产品的推广，将对中小微企业的技术进步与快速发展起到推动作用。

当前，产业转型正日趋加快，广大职工对于技术技能水平提升的需求日益迫切。为职工群众创造更多学习最新技术技能的机会和条件，传播普及高效解决生产一线现场问题的工法、技法和创新方法，充分发挥工匠人才的“传帮带”作用，工会组织责无旁贷。希望各地工会能够总结命名推广更多大国工匠和优秀技术工人的先进工作法，培养更多适应经济结构优化和产业转型升级需求的高技能人才，为加快建设一支知识型、技术型、创新型劳动者大军发挥重要作用。

中华全国总工会兼职副主席、大国工匠

高凤林

作者简介
About The Author

杨新海

1972 年出生，现任自然资源部陕西测绘产品质量监督检验站站长、测绘高级工程师。

多年来，他持续奋战在测绘地理信息技术、质量管理的各个战场，曾获“全国能源化学地质系统‘身边的大国工匠’”“2006 年中国和尼泊尔第三次边界联合检查野外先进个人”“汶川地震陕西灾后恢复重建测绘专项先进工作者”“陕西测绘地理信息局先进个人”等荣誉。作为一名测绘老兵，他爬山涉水、饮雪卧冰，足迹遍布全国 20 多个省、市、自治区，始终保持对事业、使命的敬畏和执着，用实际行动诠释工匠精神。

在生产实践中，他善于钻研，敢于创新。在第三次中尼边界联检中，他提出并设计的《GPS 配合全站仪辅助测量方案》，成功解决了边界界桩的高精度测量难题，将测量精度从分米级提高到厘米级。在西藏第三次全国国土调查中，他担任项目技术负责人，五赴测区，深入 30 多个区（县）指导，牢牢守住数据真实是“三调”工作的生命线，成果质量位居全国前列。他主持的测绘工程项目中有 10 多项获省部级及以上优秀测绘工程奖，其中 4 项获全国优秀测绘工程奖金奖，3 项获省部级测绘地理信息科技进步奖。

工作中，他始终坚持“传帮带”，为年轻人成长铺路，将自己的技术倾囊相授，为单位培养高技能人才 200 余人，成为新时代一线技术工作者的楷模。

工/匠/寄/语

匠心测绘，责任在肩；

追求卓越，永不止步。

楊新海

目　　录
Contents

引　　言
Introduction

车载移动测量系统是集三维激光扫描设备、卫星定位模块（GNSS）、惯性导航测量装置（IMU）、车轮编码器（DMI）、全景摄像机等多传感器于一体的复杂系统，是当今测绘界最前沿的技术之一。该技术综合了全球卫星定位、惯性导航、图像处理、摄影测量、地理信息和集成控制等技术，通过采集空间位置信息和实景影像，由卫星定位和惯性导航确定系统的实时位置、姿态等测量参数，可以在车辆行驶状态下快速扫描路线两侧地面物体的三维激光点云和获取影像数据。

在实景三维建设项目中，基于车载移动

测量系统能够高效获取大区域的地形和建筑物、道路及附属物等道路沿线地物的三维信息，快速提取高精度三维检测点，实现对实景三维成果数据准确性、完整性和一致性的快速质量检验，确保数据成果符合建设要求。

目前国内实景三维质检项目大部分仍采用传统的全站仪、RTK 等检测方法，质检环节成本消耗大，效率不高。作者研发的将车载移动测量系统应用于 DSM/DEM、DOM、DLG、MESH 模型成果质量检验，归纳总结了移动测量系统数据获取、点云数据融合解算、高精度检测点快速提取等质检工艺流程，通过开发自动检测模块等与质检工作切实相关的功能，构建出基于移动测量技术的实景三维成果质检平台，有效解决了传统质检方法投入大、成本高、效率低等弊端，实现了高效、精准、可视化的质检新模式。

第一讲

创新方法概述

一、总体技术路线

工作流程图见图 1–1。

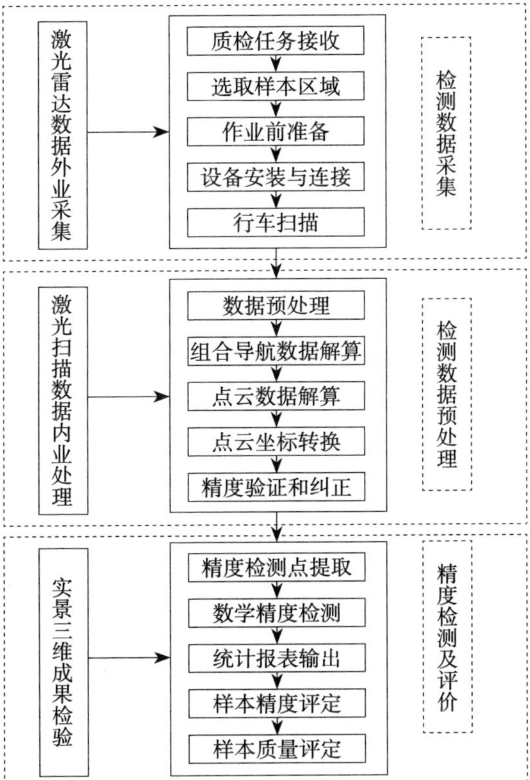

图 1–1　车载移动测量系统用于质检工作流程图

二、创新点

1. 质检流程创新

利用车载移动测量系统高效获取点云数据，快速提取高精度检测点，构建可视化实景三维成果质检平台。该平台集工程管理、数据管理、数据处理、数据浏览、检测点提取（选取）、精度检测、报表输出等功能于一体，覆盖基于点云数据的实景三维建设项目中DSM/DEM、DOM、DLG、MESH模型等多种类型成果质检全流程，全面提升了质检自动化水平和工作效率。

2. 关键技术创新

自主实现基于开源vtk库的三维点云数据显示技术、基于PyQt库的二维矢量栅格数据显示技术、基于点云数据的同名点自动匹配技术和平面拟合算法、基于DOM数据的同名点自动匹配技术等，对部分已有算法进行了优化，加入了自研算法，提升了检测点提取的速度和准确率。

3. 应用场景创新

相较于传统外业人工采集检测点的方法，将车载点云数据应用于实景三维成果质检领域，充分利用车载点云数据获取的高效性与便捷性，结合测绘成果检测点的高精度要求，通过实景三维成果质检平台，实现使用车载点云数据进行测绘成果质检的新应用场景落地。

第二讲

移动测量数据获取

一、数据获取总体流程图

数据获取总体流程图见图 2-1。

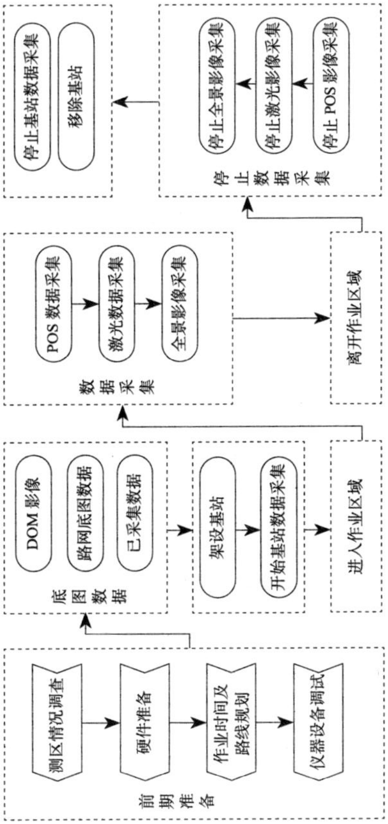

图 2-1　车载移动测量系统的数据获取总体流程图

二、前期准备

1. 资料准备

（1）技术文档资料收集。收集项目设计书和任务合同等，用于了解测区范围、精度指标及任务要求。

（2）航摄影像图或 DLG 数据。利用最新覆盖测区范围的航摄影像图或 DLG 数据，扫描路径的详细规划底图。若无最新航摄影像图，可通过商业渠道获取相关数据。

（3）测区控制点数据收集。包括省、市级 CORS 站，国家级 GNSS 控制点，水准点分布图及相关资料，用于设计和选取基准站点。

（4）样本数据提取。根据检验相关技术要求，确定抽检目标区域及提取样本数据，并进行数据采集初步路径规划。

2. 路径规划及优化

在满足覆盖抽检区域的前提下，合理规划行

车扫描路径，确定扫描时间，避免仪器设备长时间高负荷工作，减少交通拥挤对 GNSS 失锁时间的影响。初始化、结束化应选择在路况比较稳定的区域，不应在桥梁、高架路等易产生晃动的区域进行。路径规划时，应充分考虑到待扫描道路的通行、宽度、交通量等情况，合理规划待扫描道路、扫描距离。宜提前选择合适的行车扫描初始化和结束化区域，合理控制扫描作业工作量。具体要求如下。

（1）路径规划及要求

①确定待检区域范围及行车扫描初步路径。

②进行外业踏勘，获取待扫描道路名称、车道数量、通行情况（单、双行，车行、人行）、禁左禁右情况、绿化植被情况、限高情况、车流量情况、道路宽度、隔离带情况、路面障碍情况等信息。

③实地模拟优化路径，在初步设计扫描路径

后，须驾车沿设计路径进行模拟扫描，特别是对岔路口、复杂路段及变化路段，应做好信息记录，对原有设计路径进行调整优化。

（2）路径设计应遵循三个原则

①保证待扫描道路基本全覆盖。

②尽可能沿直线行驶，减少 90° 转弯次数，尽量避免 180° 转弯。

③尽量避免重复和无效路段扫描。

（3）应急方案

对于在实际扫描作业过程中可能出现的紧急状况，应有必要的应急方案，及时对行车路径做出适当调整，依据实际状况，合理改变原计划行车扫描路径。

3. 设备准备

针对扫描作业中所需的 GNSS 接收机、里程计、系统供电电源、相机、激光扫描仪、IMU 设备、激光扫描化、DMI 设备、存储卡等仪器设备进行组装连接，并对设备进行状态检查和调试，以免影响正常作业。

（1）GNSS 接收机。检查基准站和流动站 GNSS 接收机参数配置、存储卡容量和电池电量等情况是否满足作业要求。

（2）里程计。检查里程计安装是否牢固，工作状态是否正常。

（3）系统供电电源。打开主控机箱电源，观察主控机箱电压表工作电压是否正常。当工作电压低于额定电压时，设备应及时停止工作，避免低电压对设备造成影响。

（4）相机。根据扫描当天的天气情况，设置相机快门速度、ISO 及光圈大小，检查相机盖是否能正常拆卸、镜头是否干净。

（5）IMU 设备。检查 IMU 设备电缆连接是否正确。

（6）激光扫描仪。检查激光扫描仪参数文件配置是否正确（特别是 GNSS 类型），笔记本存储容量、相关数据软件是否满足作业要求。

三、数据获取

1. 基站模式

可采用自设基站、免基站、组合等多种模式分别进行。其中对于小面积短距离作业区域优先采用自设基站模式，对于大面积长距离作业区域优先采用免基站模式。

（1）自设基站模式

①地面基准站布设。GNSS 基准站位置选择应符合全球定位系统（GPS）测量规范的要求。GNSS 基准站的架设要考虑测区的范围，一般情况下，单个基准站的有效覆盖半径不宜超过 35km。如果测区范围很大，则需要架设多个基准站。

每个基准站配备1名作业员进行专业守护，留意每时段基准站卫星信号接收情况、存储情况等。

每次进行激光扫描作业前，对基准站电源电量、存储卡进行容量检查，保证作业过程中基准站电源电量、存储卡容量满足不少于4h扫描时间的要求。对不同GNSS基准站每次进行扫描作业前，量取仪器高、仪器编号并记录。基准站与车载移动测量扫描车保持联系，确保扫描作业前10min主机开启。待基准站接收机信号稳定后，报告给车载移动测量系统流动站，车载移动测量系统才能在预备的初始化地点进行不少于10min的初始化操作。基于相同原则，在车载移动测量系统扫描作业完毕后，要检查基准站信号情况，在基准站信号稳定、存储充足的前提下，在预备的结束化地点进行不少于10min的结束化操作。

②基准站位置测量。基准站位置确定后，使

用网络 CORS RTK 模式进行数据观测，测定基站点的 WGS-84 坐标与大地高，用于车载移动测量系统后期差分处理。数据观测时，移动站（RTK）卫星的状态及参数值应符合表 2–1 的规定。

表 2–1 移动站测量基本技术要求

观测窗口状态	卫星个数（高度角 15° 以上）/ 个	PDOP 值
良好	≥ 6	＜ 4
可用	≥ 5	≥ 4 且≤ 6
不可用	＜ 5	＞ 6

观测时应保证三次初始化。每次观测历元数不少于 30 个，采样间隔小于 5s。

设置单次观测的平面位置收敛精度小于 2cm，高程位置收敛精度小于 3cm。各次初始化之间点位平面坐标较差不大于 4cm，高程较差不大于 4cm。不符合要求时，重新初始化测量至满足要求为止。以各次测量平面、高程坐标平均数作为最终结果。

（2）免基站模式

①利用已建设完成的省、市级 CORS 站点网络，通过收集扫描当天车载轨迹 50km 范围内多个省、市级 CORS 站点数据，结合车载移动测量系统移动站数据进行后期差分处理。其中省、市级 CORS 站点数据采样频率优于 1Hz。

②利用商业云基站增值服务，如华测 CoPre 内嵌云基站服务（调用中国移动基站数据用于 DPGS 解算），数字绿图 LiCloud 云基站服务（调用千寻基站数据用于 DPGS 解算）。数据解算前，需按照要求完成项目工程数据目录的初步整理。

（3）组合模式

对于局部区域，因为地理条件限制，省、市级 CORS 网络密度不够，导致个别基站之间距离过远，超出单基站覆盖范围。此时，需要在省、市级 CORS 站点的基础上，自设基站进行基站加密。此种模式兼顾自设基站与免基站模式，被称为组合模式。数据采集时需兼顾自设基站和免基站两者的要求。

2. 参数设置

车载移动测量系统数据采集前，需要根据实景三维建设项目实际需求进行针对性参数设置。影响激光扫描点云数据精度的核心参数有激光扫描仪点频（每秒测量点云数量）、线频（激光扫描棱镜每秒转动圈数）、扫描视距、系统行车速度等。其中，系统行车速度、激光扫描仪点频和线频相互作用，影响点云密度，进而影响地物识别和高精度检测点提取（图 2-2）。

以点频 550kHz 为例，代表该激光设备每秒能测量 55 万个激光点，点频越高，点云密度越大，扫描线、点间距越小。线频 200Hz 即扫描棱镜每秒转动 200 圈，线频与车速决定了扫描线行间距，在同样车速情况下，线频越高，扫描线行

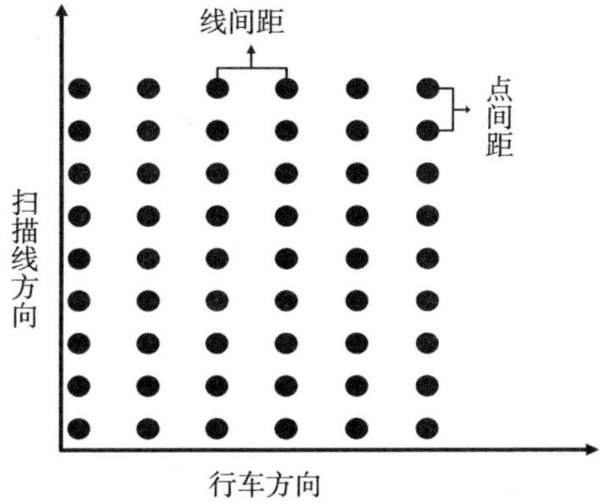

图 2-2　激光扫描仪点频与线频示意图

间距越小。点频和线频确定的情况下，扫描视距越远，点间距越大；系统行车速度越快，扫描线行间距越大。

扫描线点间距 = 视距 ×2π × 线频 / 点频，视距与点间距的对应关系如表 2-2 所示；行间距 = 车速 / 线频，行间距与车速的对应关系如表 2-3 所示。

表 2-2 视距与点间距对应表

点频 / kHz	线频 / Hz	视距 / m	扫描线点间距 / mm
550	200	5	1.14
1000			0.63
550	250		1.43
1000			0.79
550	200	10	2.28
1000			1.26
550	250		2.86
1000			1.58
550	200	20	4.56
1000			2.52
550	250		5.72
1000			3.16
550	200	40	9.12
1000			5.04
550	250		11.44
1000			6.32
550	200	80	18.24
1000			10.08
550	250		22.88
1000			12.64
550	200	100	22.8
1000			12.6
550	250		28.6
1000			15.8
550	200	200	45.7
1000			25.2
550	250		57.2
1000			31.6

表 2-3　行间距与车速对应表

线频 / Hz	车速 /（km/h）	扫描线行间距 / cm
100	20	5.56
200		2.78
100	40	11.11
200		5.56
100	60	16.67
200		8.34
100	80	22.22
200		11.11

3. 准备工作

作业前应该对以下设备进行检查，以免影响正常作业。

（1）GNSS 接收机。检查基准站和流动站 GNSS 接收机参数配置和存储卡容量、电池电量等情况是否满足作业要求。

（2）里程计。检查里程计安装得是否牢固，工作状态是否正常。

（3）系统供电电源。打开主控机箱电源，观察主控机箱电压表工作电压是否正常。当工作电压低于额定电压时，设备应及时停止工作，避免低电压对设备造成影响。

（4）相机。根据扫描当天的天气情况，设置相机快门速度、ISO 及光圈大小，检查相机盖是否能正常拆卸、镜头是否干净。

（5）IMU 设备。检查 IMU 设备电缆连接是否正确。

（6）激光扫描仪。检查激光扫描仪参数文件配置是否正确（特别是 GNSS 类型）及笔记本存储容量、相关数据软件是否满足作业要求。

4. 扫描作业

车载移动测量系统是基于 GNSS 时间基准为激光扫描仪和 IMU 设备提供历元，在系统正常工作之前，需对流动站和基准站 GNSS 接收机开机初始化，以便能够稳定、连续地向其他传感器提供历元。然后，打开 IMU 设备，使其有充分的时间对设备状态进行校准。为保证 GNSS 接收机有稳定的信号和较高的精度、IMU 设备能够持续稳定地正常工作，GNSS 接收机和 IMU 设备一般进行 5~10min 的静态初始化。

完成初始化后，根据项目技术要求，设置激光扫描仪的转速和激光输出电流强度，进行扫描作业。为获取道路及路两侧尽可能多的地物信息，减少对扫描视线的遮挡，一般扫描工作时，激光扫描仪扫描平面与地面呈 40°~50° 的夹角。数据扫描采集过程中，为确保点云密度和点云行间距要求，车辆尽量处于匀速低速行驶状态，宜为 30~60km/h。因为里程计只能记录采集路线长度而不能识别移动方向，所以采集过程中尽可能避免车辆倒车。为减少系统误差对数据精度的影响和保证一定的测量精度，宜对路段进行往返采集。车载移动站 GNSS 观测时间尽量不少于 30min，这也可为后续点云数据解算检校参数提供基础数据支撑。

在实际作业过程中，需要随时观察路况、路面障碍情况、天气状况，对突发事件有应急处理，同时还要满足以下要求。

①坚决避免带电插拔 CF 卡和设备电缆等。

②保证工作电压不低于额定电压。

③初始化过程中，避免开、关车门等造成采集车晃动，保证采集车处于静止状态。

④现场根据环境设置相机拍照参数，并测试相机曝光情况。

⑤作业行车过程中尽量避免倒车，减少急刹车、急加速，避免高档位低转速造成采集车抖动。

⑥尽量靠内侧车道行驶，特别是在路窄树密的路段，避免增加不必要的 GNSS 信号失锁时间。

⑦在失锁路段，为减少失锁时间，应快速通过该路段。

⑧ GNSS 接收机应该在 IMU 设备结束化 2min

后关闭。

⑨扫描时如果沿快车道行驶（紧靠隔离带），前方距离其他车辆较近，应该等待其离开，不能绕过其行驶，以便后续数据处理。

四、数据处理

1. 数据处理流程

外业扫描完成后，会得到 GNSS 流动站和基准站数据、IMU 姿态数据、DMI 里程计数据、工控机记录数据、瞬时激光测角测距数据、CCD 相机影像数据等多源数据。对上述多源数据的处理包括 GNSS 数据差分处理，IMU、GNSS、DMI 组合导航联合解算，激光扫描数据解算，传感器间时间同步计算、激光脚点三维坐标计算等。

数据处理工作流程如图 2–3 所示。

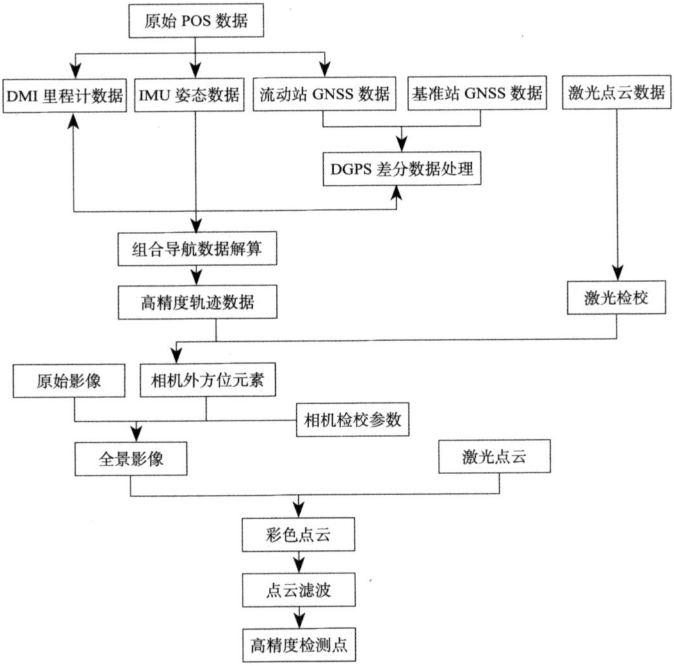

图 2-3 车载激光扫描数据处理工作流程图

2. 数据预处理

数据预处理主要包括数据格式转换、差分GNSS（DGNSS）计算、DGNSS/DMI/IMU联合解算、激光扫描仪原始数据解码等。

（1）数据格式转换。由于车载移动测量系统数据源的多样性，不同的数据源原始存储格式并不能完全被计算软件识别，需要通过对其格式进行必要的转换才能有效识别。

（2）差分GNSS（DGNSS）计算。利用组合导航解算软件进行差分GNSS（DGNSS）计算，需要基准站记录数据、仪器高等外业测量数据。

（3）DGNSS/DMI/IMU联合解算。IMU和GNSS的组合策略分为松组合、紧组合两种方式。根据数据质量选择合适的方式进行解算，松组合是利用GNSS数据对IMU数据进行误差改正，当卫星数量少于4颗时，整周模糊度解算时间较长，GNSS和IMU解算精度降低；紧组合是利用IMU

数据解决 GNSS 信号丢失时的整周模糊度的重新解算，能够提升 GNSS 的抗干扰和动态跟踪能力，是一种精度较高的组合方式。DGNSS/DMI/IMU 联合解算时，需要结合系统核心传感器偏心量参数数据。

（4）激光扫描仪原始数据解码。这是将原始数据中的角度信息、距离信息进行数学函数变化，得到扫描点扫描仪系统局部坐标系下极坐标的一个过程，最终数据包括坐标、激光信号强度、UTC 时间等多重信息的解码数据文件。

3. 点云数据解算

（1）原始点云数据解算

首先将激光扫描仪得到的极坐标扫描数据通过坐标转换为激光扫描仪坐标系下平面坐标。其次利用相对旋转矩阵将激光扫描仪坐标系下的平面坐标转换为 IMU 坐标系下平面坐标。再次通过 IMU 获取数据的积分计算得到准确的位置和姿态数据，将 IMU 坐标系下的平面坐标二次转换为地理坐标系统数据，最终得到原始点云数据。其具体流程图如图 2–4 所示。

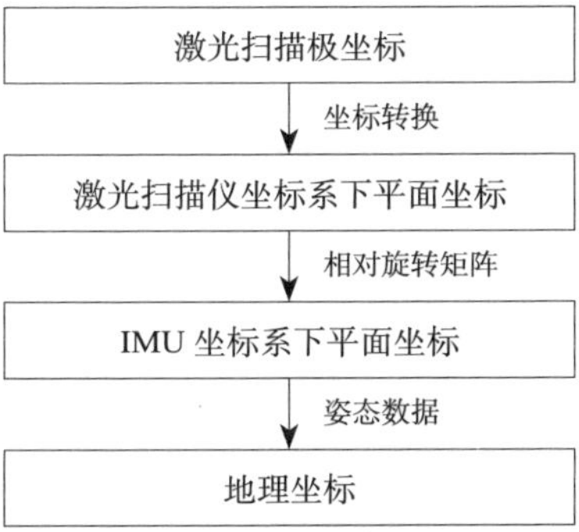

图 2–4　原始点云数据解算过程

（2）彩色点云融合

预处理后的影像数据包含 RGB 信息，将原始点云与预处理过的影像数据进行数据配准、融合，就可获得真彩色点云数据。

4. 坐标转换

经过初步解算得到的原始点云数据坐标系

统为 WGS-84 坐标和大地高，需要将其转换到 CGCS2000 国家大地坐标系统和 1985 国家高程基准，或地方坐标系统和 1985 国家高程基准。

（1）坐标转换参数的计算

坐标转换参数可通过两种途径获取。一是通过收集地方成果坐标系统资料获取。二是通过参数计算获取。可利用测区范围内已有不同坐标系下的控制点成果进行计算。

（2）平面坐标转换

平面坐标转换可通过四参数、七参数转换方法将 WGS-84 坐标转换到成果坐标系统下。

由于实际测量工作中国家坐标系统和地方坐标系统为两个不同的坐标系统，地方坐标一般没有大地高，四参数法只对平面坐标进行计算，然后进行高程拟合。因此，对于区域面积不大的情况，经过已有的数据验证，四参数法精度要高于七参数法。

（3）高程转换

高程转换是将大地高（$H_{大地}$）转换为正常高（$H_{正常}$）的过程。其相关关系可用式（2–1）表示：

$$\xi=H_{大地}-H_{正常} \quad (2–1)$$

式中，ξ为高程异常值。

高程异常值是高程转换的关键，通常有大地水准面精化模型或多项式二次曲面数学模型两种求取方法。目前绝大多数地区已经建立了大地水准面精化模型，可进行高程转换得到大地高，满足项目实际检验需要。

5. 精度验证

因为扫描道路情况复杂多变，GNSS 信号在城区易受高楼遮挡，且对组合导航系统的精度影响较大，初始点云数据精度不能确保满足检测点精度的需求，需要对 GNSS 信号不稳定区域进行点云纠正。GNSS 信号质量可在 DGNSS/DMI/IMU 联合解算时，导出相关质量报告进行查看。

同时，采用外业实测的方式，对扫描区域部分特征点进行精度验证。

6. 点云纠正

点云精度一般可根据往返扫描数据重合度进行判断，在点云厚度较大、重合度不满足精度要求的测段，可增加地面控制点，进行点云纠正，从而达到提高数据精度的目的。

点云纠正分为控制点文件制作、映射已知点坐标、已知点对应点云坐标采集、轨迹修正、点云重解算、精度验证等几个关键环节。

7. 特征矢量提取

获取点云数据成果后，可利用专业数据处理软件进行去噪、噪声滤波、地面点分类等操作，获得地面点和非地面点数据。利用相关软件，将点云数据进行特征矢量提取，包括建筑物角点、柱状物（各种立杆、行道树等）、道路边线、地面标识、高程点等。

五、影响质量关键因子

高精度检测点直接来源于点云数据，其数学精度直接取决于点云数据的质量。点云数据解算是多源数据融合的过程，影响质量因子分布在数据获取、解算的各个环节，各种操作细节尤为关键。对于过程质量把控和质量检验，需要特别注意，提前谋划。对数据源头的质量缺陷，后期需要大量的措施补救，甚至无法补救。因此，在各类数据获取过程中，需要对车载移动测量系统组合精度分析及检校、系统整体精度分析及检校、基站布设、系统参数设置和行车质量等影响质量关键因子加强过程质量控制。

第三讲

质检平台构建

一、质检平台介绍

1. 软件简介

实景三维成果质检软件平台（SXZJ-FIPRS-RTDC）是由陕西省测绘地理信息局自主研发，面向 DSM/DEM、DOM、DLG、MESH 模型等数据成果激光点云质检领域，着力解决基于激光点云数据提取检测点、数据成果精度检测、全自动生成质检报表等流程的自动化问题，使用自动化处理加人工干预的方式，大幅度减少人工作业量，提升质检效率。软件平台界面见图 3–1。

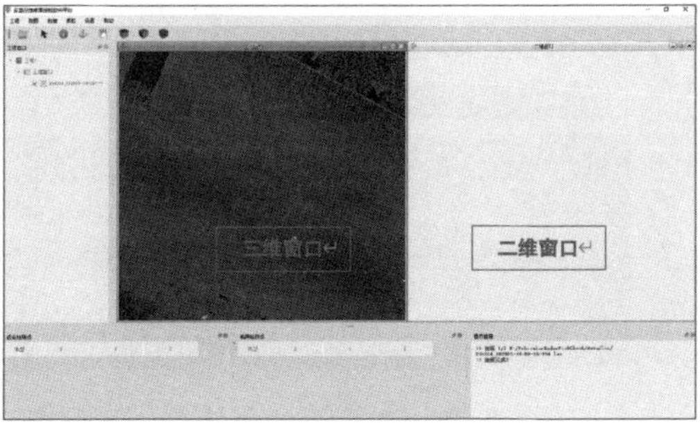

图 3–1　软件平台界面

该平台使用 Python3 语言开发，采用平台应用层、功能支撑层和支持库层三层架构（见图 3-2），可跨平台运行，但需要显卡对 OpenGL2.0 支持。

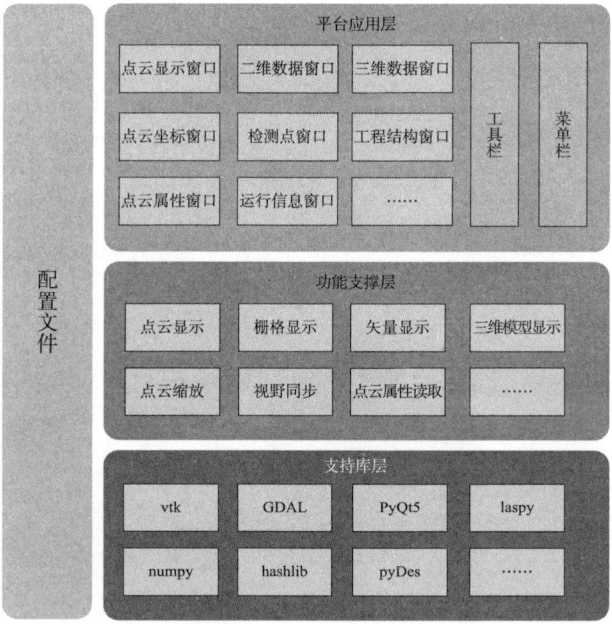

图 3-2　软件平台架构图

2. 软件功能

实景三维成果质检软件平台包括工程管理、数据管理、数据处理、数据浏览、检测点选取、数据质检6大模块功能（图3–3）。

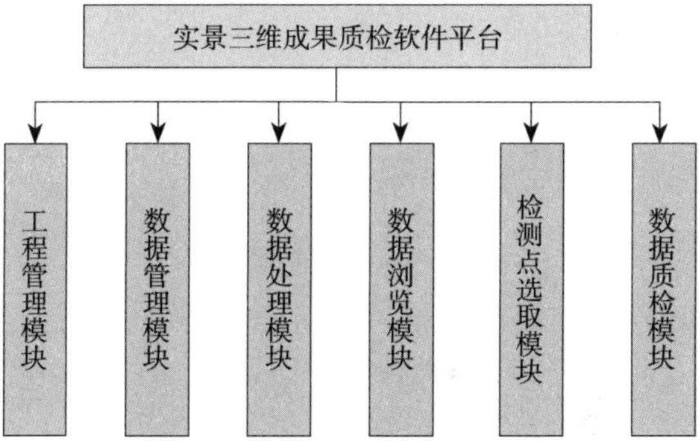

图3–3　软件功能架构图

（1）工程管理模块

该模块主要实现多源数据工程化管理，实现数据路径等配置信息批量保存与加载等（图3–4）。工程文件为.xml格式的文件，用于保存所有工程信息，加载工程文件时同步加载数据路径所链接的数据。

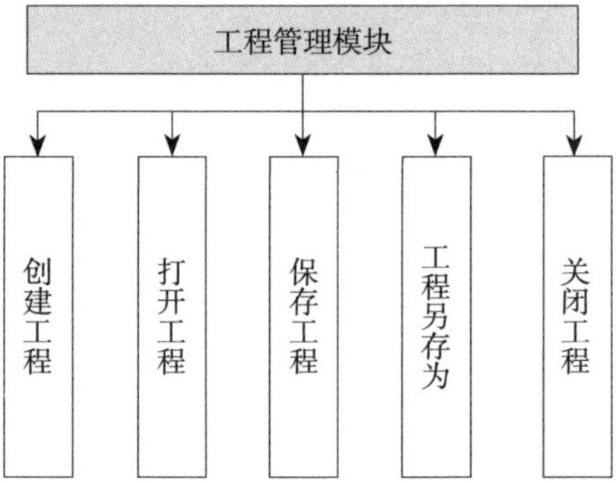

图 3-4 工程管理模块

①创建工程。根据当前情况需要，创建一个空工程。

②打开工程。打开已有工程，指定工程文件路径后，点击 [确定] 按钮，加载工程中所有数据及配置，加载完成后工程结构将会在工程窗口中显示。

③保存工程。将当前工程保存到本地，主要保存数据路径及数据显示设置信息。若为新建工

程，将弹出窗口以指定工程保存路径；若为打开工程，将替换已有工程文件。

④工程另存为。将当前工程保存到本地，不覆盖已有工程文件，而是重新保存一份工程文件。

⑤关闭工程。关闭当前工程，移除所有数据，清空所有显示窗口。若工程已被修改，弹窗将提示是否保存修改。

（2）数据管理模块

该模块主要实现多源数据的加载、移除和点云数据的列表显示功能，加载数据类型主要包括点云数据、矢量数据、栅格（DOM、DEM 等）数据和 MESH 模型数据等。所有点云数据将以坐标列表的形式显示在点云窗口中（图 3–5）。

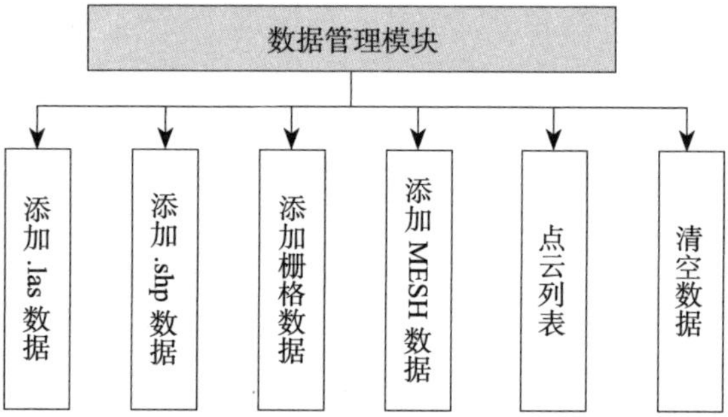

图 3-5 数据管理模块

①添加 .las 数据。打开并显示 .las 格式的点云数据，点云数据默认为常规显示，若需要按点云强度显示，可自行设置。点云数据加载完成后将在三维窗口中显示。

②添加 .shp 数据。打开并显示 .shp 格式的矢量数据，加载完成后空间图形将会在二维窗口中显示，在数据图层上击右键查看属性表。

③添加栅格数据。打开并显示 .img 和 .tif 格式的栅格数据。数据加载完成后将会在二维窗口中显示，在数据图层上击右键查看栅格属性。

④添加 MESH 数据。打开并显示 .obj 格式的三维数据，数据加载完成后将会在三维窗口中显示。

⑤点云列表。显示所有已加载的点云数量和坐标值，这将在点云窗口中以表格的形式展示（表 3–6）。点击 [Show location] 按钮，三维窗口中的点云数据将定位到点云窗口当前选择点的对应位置。界面设计如下。

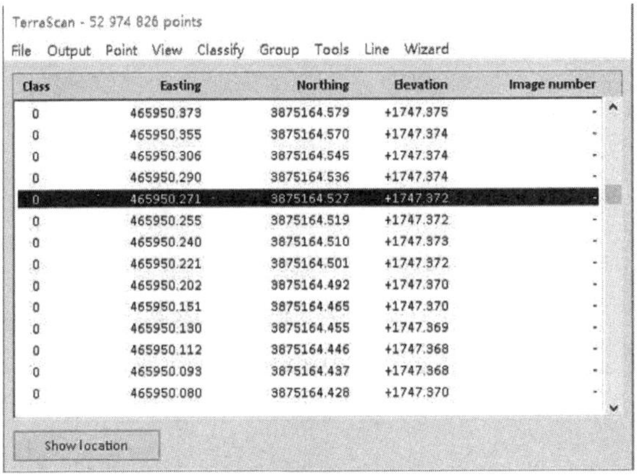
TerraScan - 52 974 826 points

File Output Point View Classify Group Tools Line Wizard

Class	Easting	Northing	Elevation	Image number
0	465950.373	3875164.579	+1747.375	-
0	465950.355	3875164.570	+1747.374	-
0	465950.306	3875164.545	+1747.374	-
0	465950.290	3875164.536	+1747.374	-
0	465950.271	3875164.527	+1747.372	-
0	465950.255	3875164.519	+1747.372	-
0	465950.240	3875164.510	+1747.373	-
0	465950.221	3875164.501	+1747.372	-
0	465950.202	3875164.492	+1747.370	-
0	465950.151	3875164.465	+1747.370	-
0	465950.130	3875164.455	+1747.369	-
0	465950.112	3875164.446	+1747.368	-
0	465950.093	3875164.437	+1747.368	-
0	465950.080	3875164.428	+1747.370	-

Show location

图 3–6　点云列表显示界面

⑥清空数据。移除所有已加载的数据，在移除数据后，数据树中的信息也将被移除，视图中的显示也将被移除。

（3）数据处理模块

该模块主要实现数据整理与转换的功能，具有独立界面，用于数据预处理以使数据显示范围与坐标能够动态匹配（图 3–7）。

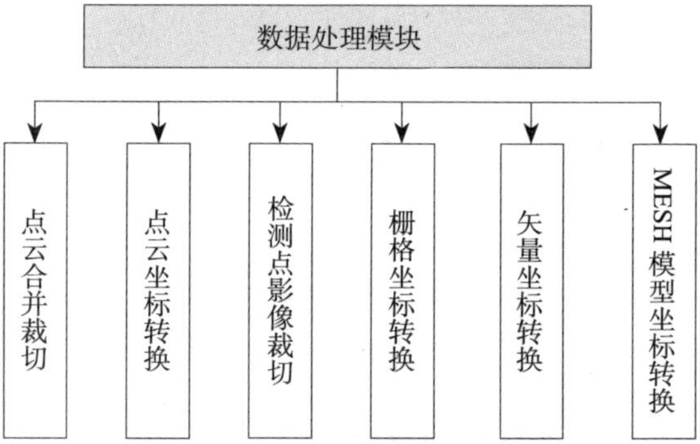

图 3–7　数据处理模块

①点云合并裁切。将分段存在的 .las 格式的点云数据按照特定矢量范围（一般为图幅）进行

合并与裁切，仅保留范围内点云。界面设计见图 3–8。

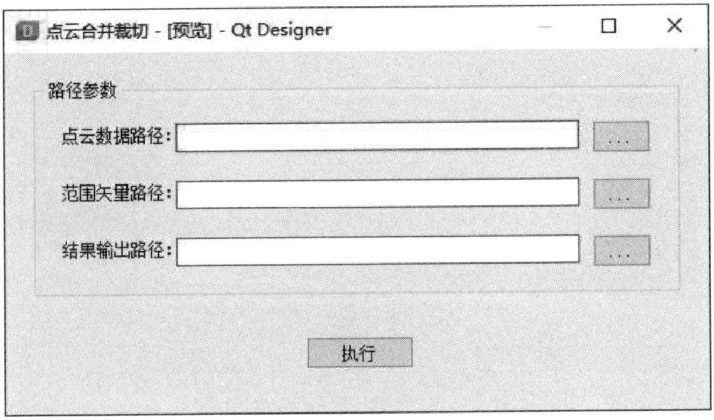

图 3–8　点云合并裁切窗口

②点云坐标转换。将 .las 格式的点云数据中的坐标值，按照坐标转换参数进行转换，存储为新的 .las 文件。界面设计如图 3–9 所示。

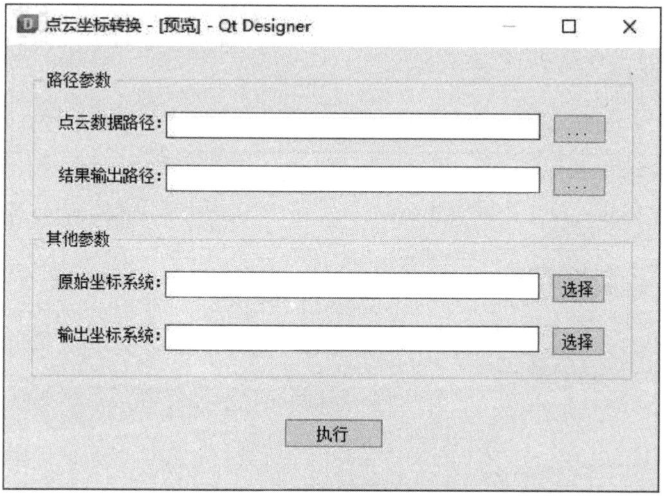

图 3-9 点云坐标转换窗口

③检测点影像裁切。对检测点文件中的每一个检测点，从相应位置 DOM 影像上裁切特定尺寸的小影像，并在小影像中心添加红色十字线。界面设计如图 3-10 所示。

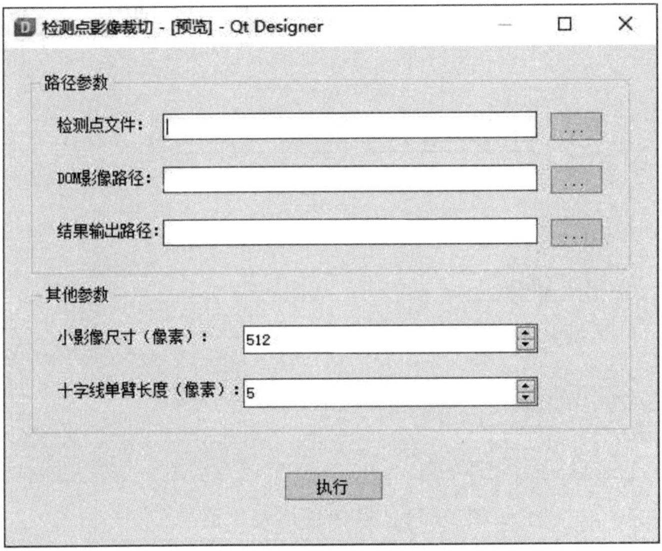

图 3-10　检测点影像裁切窗口

④栅格坐标转换。将栅格数据坐标系统按照坐标转换参数进行转换，输出为新的栅格文件。界面设计如图 3-11 所示。

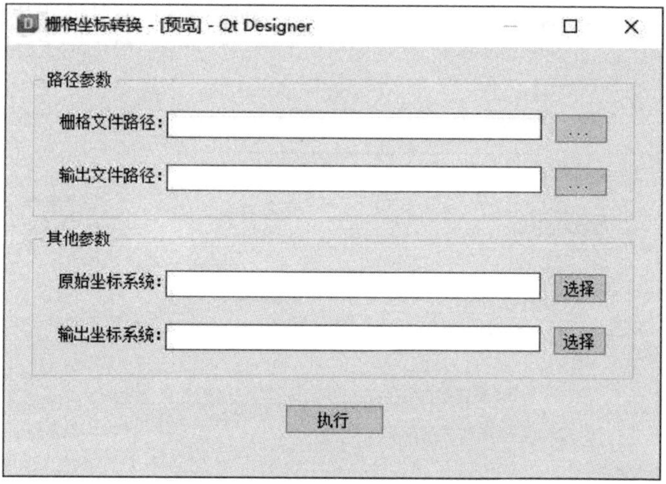

图 3-11　栅格坐标转换窗口

⑤矢量坐标转换。将 .shp 格式的矢量数据坐标系统按照坐标转换参数进行转换，输出为新的 .shp 文件。界面设计如图 3-12 所示。

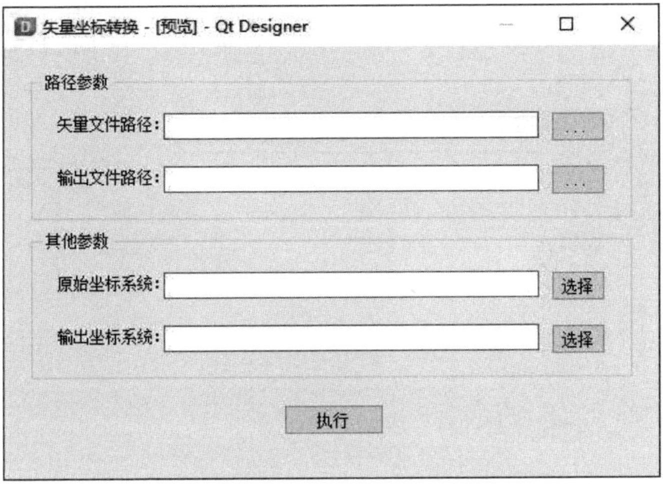

图 3-12　矢量坐标转换窗口

⑥ MESH 模型坐标转换。将 .obj 格式的 MESH 模型数据中的坐标值，按照坐标转换参数进行转换，存储为新的 .obj 文件。界面设计如图 3-13 所示。

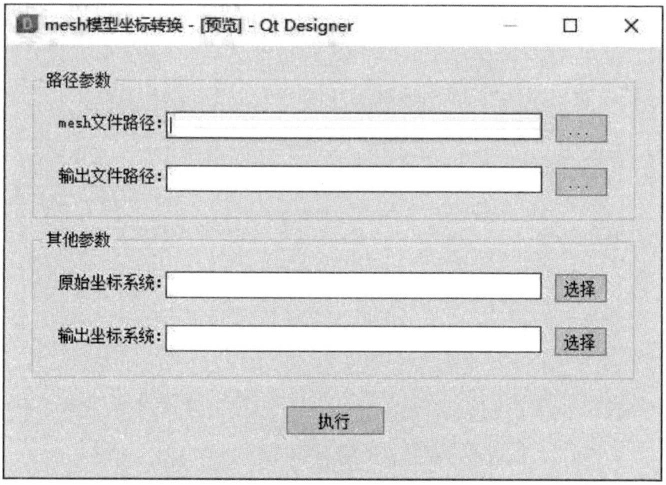

图 3-13　MESH 模型坐标转换窗口

（4）数据浏览模块

该模块主要实现矢量数据、栅格数据和三维数据的显示与浏览功能，主要包括数据的平移、放大、缩小、三维旋转等功能（图 3-14）。矢量数据与栅格数据在二维窗口中浏览，三维数据在三维窗口中浏览。

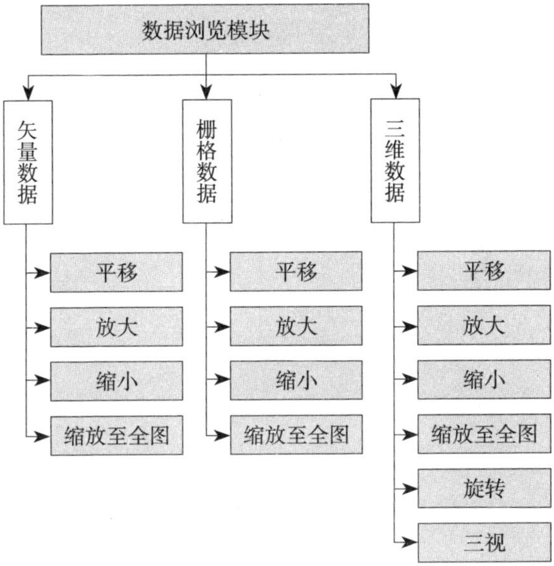

图 3–14　数据浏览模块

（5）检测点选取模块

该模块主要实现在点云数据中选取检测点任务的相关功能（图 3–15），包括点云数据交互操作方法和检测点编辑功能。

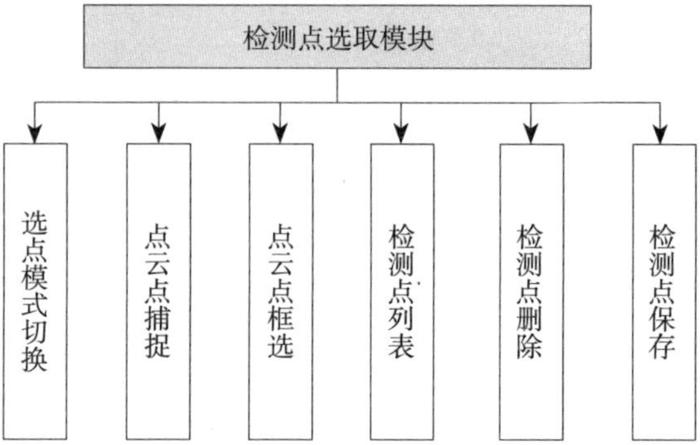

图 3-15 检测点选取模块

①选点模式切换。选点模式分为 P、G、PG 三种，分别代表平面检测点、高程检测点、平高检测点。通过快捷键切换选点模式，可实现检测点快速分类和切换选点模式功能。

②点云点捕捉。实现捕捉点云点功能，方便选点作业。点云点较小，通过自动捕捉可达到快速选点的目的。

③点云点框选。实现框选点云点功能，满足特殊情况下需要批量选择点云点的需求。

④检测点列表，显示所有已选择检测点。检测点列表分为点云检测点列表和成果检测点列表，列表内容中包括检测点的序号、类型、坐标值等信息。

⑤检测点删除。从已选择检测点列表中移除特定点，不修改点云数据本身。

⑥检测点保存。保存所有已选择检测点，可选择保存格式为 .txt 文本文件或 .shp 矢量点文件。

（6）数据质检模块

该模块主要实现 DSM/DEM、DOM、DLG、MESH 模型等数据的自动化质检及质检报表的自动化输出功能（图 3–16）。

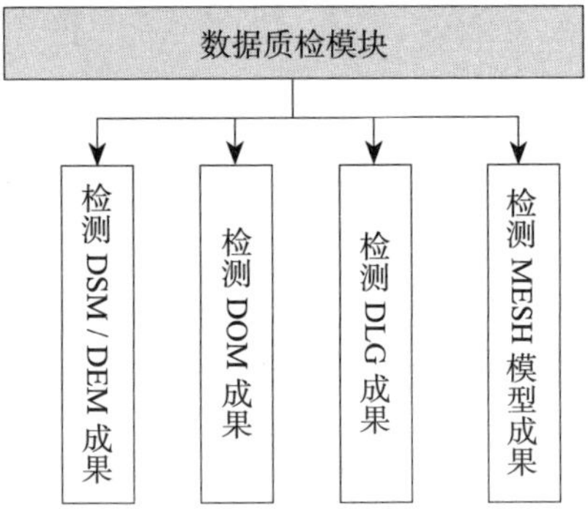

图 3-16　数据质检模块

①检测 DSM/DEM 成果。使用高程检测点或平高检测点检测 DSM/DEM 成果对应位置高程精度，按照标准格式输出 DSM/DEM 高程精度检查结果报表。

②检测 DOM 成果。使用平面检测点或平高检测点检测 DOM 成果对应位置平面精度，按照标准格式输出 DOM 平面精度检查结果报表。

③检测 DLG 成果。使用高程检测点、平面检测点或平高检测点检测 DLG 成果对应位置平

面和高程精度，按照标准格式输出 DLG 平面和高程精度检查结果报表。

④检测 MESH 模型成果。使用高程检测点、平面检测点、平高检测点检测 MESH 模型成果对应位置平面和高程精度，按照标准格式输出 MESH 模型平面和高程精度检查结果报表。

3. 关键技术

（1）基于 vtk 库的三维点云数据显示技术

vtk 是一个开源、跨平台、可自由获取、支持并行处理的图形应用函数库，三维计算机图形、图像处理及可视化是 vtk 主要的应用方向。使用 vtk 库提供的 Python 语言接口，结合 laspy 库对 .las 点云文件读写的支持，可实现点云数据的三维逼真渲染，并具备与用户交互式操作的能力。

（2）基于 PyQt 库的二维矢量栅格数据显示技术

Qt 是一个 C++ 可视化开发平台，是一个跨平台的 C++ 图形用户界面应用程序框架（C++ GUI），能够为应用程序开发者提供建立图形用户界面所需的功能。PyQt 是 Qt 和 Python 结合的产物，是一个 Qt 的 Python 包装器。使用 PyQt 库提供的 QGraphicsView 组件，结合 GDAL 库对矢量和栅格文件读写的支持，可实现矢量和栅格数据的二维展示，并具备与用户交互式操作的能力。

（3）基于点云数据的同名点自动匹配技术

在已获得 DOM、DLG、MESH 模型等成果数据某个平面检测点的条件下，可以在点云数据上自动匹配获得同名点。

①基于点云数据的房屋角点自动提取。在成果检测点一定缓冲区范围内，利用平面拟合技术拟合墙面，求取墙面相交线上对应高度的点，即为同名房屋角点（图 3–17）。

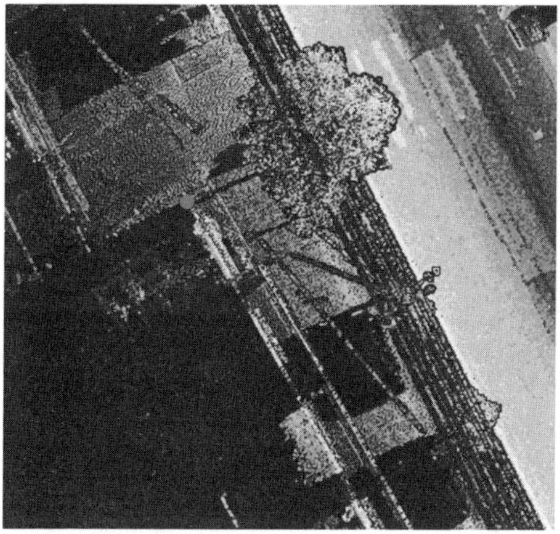

图 3-17　平面拟合算法提取房屋角点

②基于点云数据的交通标线提取。在成果检测点一定缓冲区范围内，按反射强度阈值筛选出交通标线点云并去除噪声点，分别进行长边拟合和短边拟合，得到交通标线的平面矩形模型（图 3-18），最后通过 4 条直线方程两两相交可以计算出交通标线 4 个角点的精确坐标。

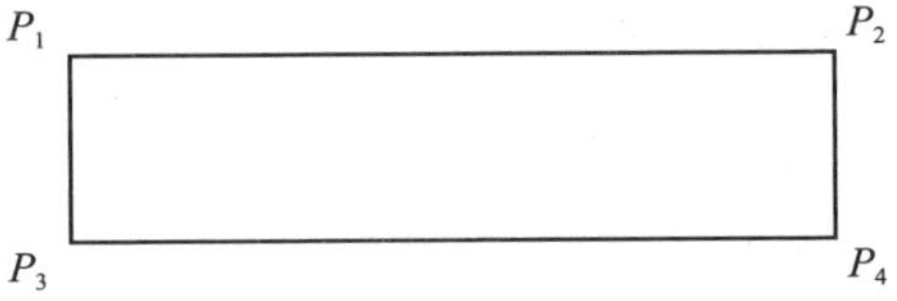

图 3-18 交通标线平面矩形模型

③基于点云数据的柱状物中心点自动提取。在成果检测点一定缓冲区范围内，利用平面拟合技术拟合柱状物侧面弧线，求取对应高度弧线圆心，即为同名柱状物中心点（图 3-19）。

图 3-19 提取柱状物中心点

④基于点云数据的管线窨井中心点自动提取。在成果检测点一定缓冲区范围内，利用平面拟合技术拟合管线窨井弧状轮廓，求取弧线圆心，即为同名管线窨井中心点（图 3–20）。

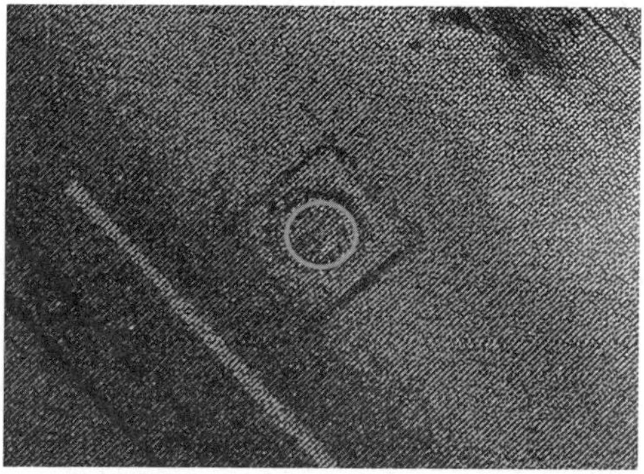

图 3–20 平面拟合算法提取管线窨井中心点

（4）基于 DOM 数据的同名点自动匹配技术

在已获得点云数据某个平面检测点的条件下，可以在 DOM 数据上自动匹配获得同名点。

在成果检测点一定缓冲区范围内，将 DOM

影像按缓冲区范围裁切，并转为灰度图像，使用二值化方法提取标线大致区域。按照一定的角度步长，将标线二值图像从 0° 旋转至 180° 。记录每个旋转角度下标线的外接矩形面积，最终得到标线的最小外接矩形，最小外接矩形的四个角点即为同名交通标线点（图 3–21）。

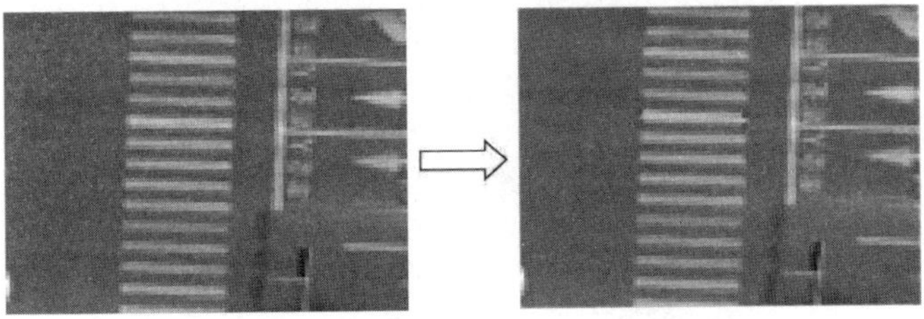

图 3–21　最小外接矩形提取标线点

二、提取检测点

在使用点云数据进行实景三维成果质检过程中，首先要获取点云检测点与成果检测点，然后才能进行精度检测。点云检测点及成果检测点可以使用已有检测点成果，也可以由实景三维成果质检软件平台进行提取。

提取检测点时，一般先参考相关软件自动提取的矢量特征点、线、面提取点云检测点，再自动或人工提取成果检测点。提取检测点的流程如图 3–22 所示。

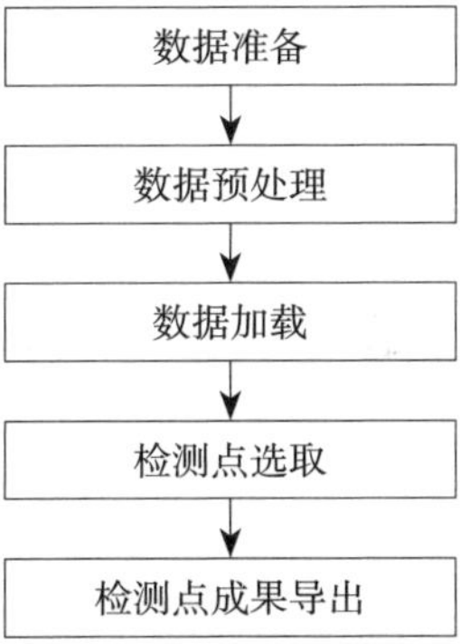

图 3–22　提取检测点流程

1. 数据准备

（1）高精度车载点云数据。

（2）相关软件自动提取的矢量特征点、线、面数据。

（3）待检测的DEM/DSM、DOM、DLG、MESH模型成果数据。

（4）待检测数据、图幅结合表等。

2. 数据预处理

（1）点云合并裁切

使用[点云合并裁切]工具，将分散存储的点云数据按图幅范围合并，并裁切掉超出图幅范围的部分，重新保存为新的点云文件。

（2）统一数据坐标系

若点云数据与待检测数据坐标系统不一致，需要转换点云数据或待检测数据的坐标系统，使两者坐标系统达成一致，在作业时使点云数据与待检测数据正确套合。可使用的工具有：点云坐标转换、栅格坐标转换、矢量坐标转换、MESH模型坐标转换。

3. 数据加载

（1）点云数据加载

使用 [添加 las 数据] 功能添加合并裁切后的点云数据，将显示模式设置为按点云强度显示。加载完成后点云数据显示在三维窗口（图 3–23）。

图 3–23　点云数据按点云强度显示

（2）DOM 数据加载

使用 [添加栅格数据] 功能添加 DOM 数据，加载完成后 DOM 数据显示在二维窗口。

（3）DLG 数据加载

使用 [添加矢量数据] 功能添加 DLG 数据，加载完成后 DLG 数据显示在二维窗口。

（4）MESH 模型数据加载

使用 [添加 MESH 模型数据] 功能添加 MESH 模型数据，加载完成后 MESH 模型数据与点云数据叠加显示在三维窗口。

（5）矢量特征点、线、面数据加载

使用[添加矢量数据]功能添加矢量特征点、线、面数据，加载完成后矢量数据显示在二维窗口。

4. 检测点选取

（1）点云检测点选取

参考相关软件自动提取的矢量特征点、线、面，在三维窗口中通过平移、放大、缩小等工具人工选取符合要求的检测点，切换选点模式，鼠标捕捉或框选目标点，目标点将被加入点云检测点列表中（图 3–24）。目标点类型对应的选点模式如下。

①切换选点模式为 P，鼠标捕捉或框选，选取平面目标检测点。

②切换选点模式为 G，鼠标捕捉或框选，选取高程目标检测点。

③切换选点模式为 PG，鼠标捕捉或框选，选取平高目标检测点。

点号	类型	X	Y	Z
1	pg	601975.565	3937641.493	1978.733
2	pg	602567.235	3937831.023	1964.427
3	pg	602295.37	3937741.621	1975.971
4	pg	603166.078	3938073.504	1957.763
5	pg	603492.423	3938262.674	1952.435
6	pg	603763.88	3938414.858	1948.194
7	pg	604004.57	3938580.764	1944.463
8	pg	604403.408	3938843.199	1940.236
9	pg	604692.906	3939043.345	1949.777
10	pg	605014.57	3939260.105	1942.28
11	pg	605334.137	3939468.325	1929.251
12	pg	605633.551	3939703.5	1924.532
13	pg	607542.271	3938097.173	1908.017
14	pg	607069.342	3937750.924	1913.75
15	pg	606588.449	3937323.616	1918.59
16	pg	606096.029	3936875.476	1923.874
17	pg	605665.722	3936484.373	1927.094
18	p	605013.725	3936686.127	1939.485
19	g	604995.969	3936687.819	1939.788
20	p	604333.03	3937037.156	1946.044
21	g	604330.423	3937037.996	1946.021
22	p	604449.311	3936268.294	1949.608
23	g	604446.591	3936266.368	1947.343
24	pg	603761.516	3936999.367	1949.46
25	pg	603477.837	3936692.273	1952.19
26	pg	603213.217	3936450.342	1955.055
27	pg	602897.633	3936115.319	1959.211
28	pg	602544.228	3935719.955	1965.069
29	pg	602132.372	3935360.04	1969.211

图 3–24　点云检测点选取与点云检测点列表

（2）DOM 成果检测点选取

在二维窗口中通过平移、放大、缩小等工具人工选取与点云检测点对应的 DOM 成果检测点，切换选点模式为 P，鼠标直接点击目标点，目标点将被加入成果检测点列表中。

（3）DLG 成果检测点选取

在二维窗口中人工选取与点云检测点对应的 DLG 成果检测点，切换选点模式，鼠标直接点击或捕捉目标点，目标点将被加入成果检测点列表中。目标点类型对应的选点模式与点云检测点选取一致。

（4）MESH 模型成果检测点选取

在三维窗口中人工选取与点云检测点对应的 MESH 模型成果检测点，切换选点模式，鼠标直接点击目标点，目标点将被加入成果检测点列表中。目标点类型对应的选点模式与点云检测点选取一致。

5. 检测点成果导出

将所有选取的检测点（包括点云检测点和成果检测点）保存到本地。打开菜单中 [检测点导出] 工具，选择输出路径和参数，点击 [导出]，即可将所有检测点保存到本地。检测点成果导出界面如图 3–25 所示。

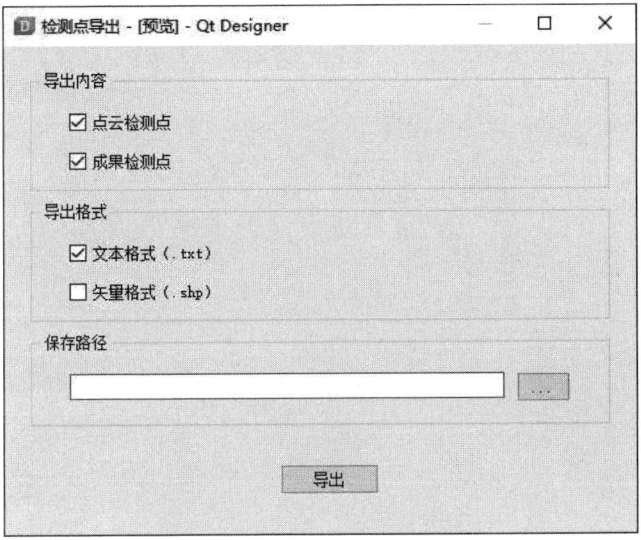

图 3–25　检测点成果导出界面

三、精度检测与报表输出

1. 成果精度检测

获取到点云检测点与成果检测点后，进行成果精度检测。成果精度检测包括以下内容。

（1）计算各个检测点高程误差

利用提取出来的点云检测点，与待检测成果数据同位置高程比对，计算出各个检测点高程误差。与待检测成果数据检测点平面位置比对，计算出各个检测点平面误差。

（2）统计中误差和粗差个数及比例

根据各个检测点高程误差或平面误差情况，根据项目要求，设置精度限差，自动分析统计中误差和粗差个数及比例。

（3）将质检结果数据输出为报表

将统计的高程误差或平面误差、中误差、粗差个数和粗差比例等质检结果数据，输出为报表。

2. 输出结果报表

输出结果报表界面如图 3–26 所示。

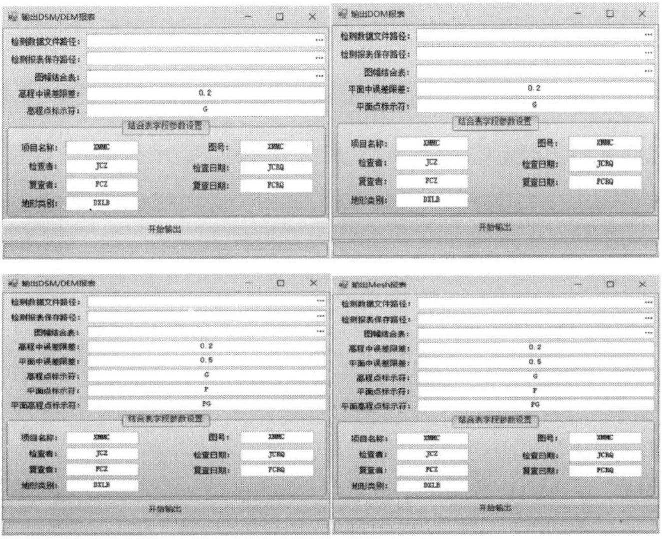

图 3–26　输出结果报表界面

（1）实现功能

程序根据输入的检测点数据及输入参数，自动计算待检数据的平面、高程中误差。当检测点数小于 20 时，按照点位误差的算术平均值计算中误差；大于20时，高精度、同精度检测中误差分别按照式（3–1）和式（3–2）计算。最后输出质检报表。

$$M=\pm\sqrt{\frac{\sum_{i=1}^{n}\Delta_i^2}{n}} \qquad (3\text{–}1)$$

$$M=\pm\sqrt{\frac{\sum_{i=1}^{n}\Delta_i^2}{2n}} \qquad (3\text{–}2)$$

（2）参数简介

①检测数据文件路径。选择需要检测的数据路径，数据格式为点号、图上 *X* 坐标、图上 *Y* 坐标、图上 *H* 高程、检测 *X* 坐标、检测 *Y* 坐标、检测 *H* 高程，文件格式为 .txt 或 .xls 均可。

②检测报表保存路径。选择生成后的检测报告保存路径，文件格式为 .doc。

③图幅结合表。选择项目用的图幅结合表，文件格式为 .shp，主要用于获取计算、报表输出需要的参数，如地形类别、图号等。

④高程中误差限差。用于计算及标识超限的检测点。

⑤平面中误差限差。用于计算及标识超限的检测点。

⑥高程点标识符。用于标识检测点类型，如 G01，G 代表高程点，01 代表序号。

⑦平面点标识符。用于标识检测点类型，如 P01，P 代表平面点，01 代表序号。

⑧平面高程点标识符。用于标识检测点类型，如 PG01，PG 代表平面点和高程点，01 代表序号。

⑨结合表字段参数设置。输入计算及报表输出需要的字段名称，便于获取对应的字段值。

第四讲

创新效果

一、经济效益提升

本书介绍的技术方法已在全国多个省份的实景三维建设项目中进行了应用试验，如在 2022 年西安市新型基础测绘试点、2023 年甘肃省遥感影像统筹获取处理项目、2023 年内蒙古高分辨率遥感影像、2024 年安徽省部分区域遥感统筹影像获取等项目质检技术要求下，使用车载激光雷达平台快速高效地获取了高精度点云和全景影像数据，对项目中 DSM/DEM、DOM、MESH 模型等成果的数学精度进行了检测。DLG 成果的数学精度实现了部分自动化检测和地理精度的外业属性验证，极大地节省了检测数据获取时间和人员成本。通过对已完成测区的试验验证，可大幅提高质检工作效率，节省人力、时间成本 75% 以上，累计节约资金近百万元。

二、社会效益提高

该工作法使用了行业目前较为先进的技术，优化和创新了质检工作模式，同时使得质检工作效率和质量得到了显著提升，客户满意度也大幅增加。此外，该技术的应用还促进了测绘质检行业的创新和发展，为质检事业高质量发展提供了技术支持和保障。

后 记

测绘工作作为国民经济建设和社会发展的重要基础性和前期性工作，所产生的地理空间信息数据，在国防建设、经济发展、社会服务等各个领域应用越来越广，这就使得测绘地理信息成果质量尤为关键和重要。质检人不但要有创新理念，还要有科学、高效的检验技术和方法。作为质量管理者和执行者，将全过程质量控制深入每一道工序、每一件产品中，质检人作为每件成果的最后把关者，只有不断提升自己的能力，创新工作方式方法，守好成果质量底线，才能成长为促进国家高质量发展的生力军。

党的十八大以来，以习近平同志为核心的党中央高度重视生态文明建设。我们要始终心怀“国之大者”，贯彻落实习近平生态文明思想，振奋精神、再接再厉，准确把握测绘地理信息“两支撑两服务”的工作定位，把“支撑经济社会发展、服务各行业需求，支撑自然资源管理、服务生态文明建设”贯穿到质检工作中，快速高效把好质量关，让质量检验工作为自然资源高质量发展赋能。我们要进一步弘扬“热爱祖国、忠诚事业、艰苦奋斗、无私奉献”的测绘精神和“执着专注、精益求精、一丝不苟、追求卓越”的工匠精神，要坚持守正创新，加快推进测绘地理信息质检工作的理念创新、管理创新、技术创新、服务创新，不断激活新应用、拓展新业态、创造新模式，促进测绘地理信息产业健康快速发展。

目前我所从事的工作就是实景三维中国建设

和自然资源调查监测、耕地保护、卫片执法、城市国土空间监测等类型成果的质量检验工作。面对新型成果技术难点多、任务量大的现状，积极探索质量检验新模式，通过采取工艺流程改进，软、硬件研发，内、外业融合等质检技术提升，及驻场过程跟踪检验、动态跟踪检查、一对一帮扶式整改等模式，解决生产进度与质量检验之间的矛盾，提高成果质量。

同时，我还要继续依托职工创新联盟工作平台，充分发挥其资源和技术优势，在“师带徒”、难点攻关、产业推广等方面发挥“头雁”作用，开展技术交流培训、评价体系研究、高技能人才培养等重点工作，把自己的长处、优势传承下去，培养和带动更多的团队成员进行检验理论和技术方法研究攻关，和他们一起在信息化、智能化质检工作中取得新的突破，充分发挥测绘地理信息质检部门“把关守门”的作用，不断优化质检手段与方法，推动质检技术融合创新，强化自然资源调查监测质检能力建设，持续为测绘地理信息产业高质量发展作出自己应有的贡献。

杨新海

2024 年 5 月

图书在版编目（CIP）数据

杨新海工作法：车载移动测量技术在实景三维成果质量检验中的应用 / 杨新海著. -- 北京：中国工人出版社, 2024. 7. -- ISBN 978-7-5008-8490-3

Ⅰ. U463.6

中国国家版本馆CIP数据核字第2024ZC4872号

杨新海工作法：车载移动测量技术在实景三维成果质量检验中的应用

出 版 人　董　宽
责任编辑　魏　可
责任校对　张　彦
责任印制　栾征宇
出版发行　中国工人出版社
地　　址　北京市东城区鼓楼外大街45号　邮编：100120
网　　址　http://www.wp-china.com
电　　话　（010）62005043（总编室）
　　　　　（010）62005039（印制管理中心）
　　　　　（010）62379038（职工教育编辑室）
发行热线　（010）82029051　62383056
经　　销　各地书店
印　　刷　北京市密东印刷有限公司
开　　本　787毫米×1092毫米　1/32
印　　张　3.25
字　　数　37千字
版　　次　2024年10月第1版　2024年10月第1次印刷
定　　价　28.00元

优秀技术工人百工百法丛书

第一辑　机械冶金建材卷

优秀技术工人百工百法丛书

第二辑　海员建设卷